CATALOGUE

D'ESTAMPES

ANCIENNES & MODERNES

ÉPREUVES D'ARTISTES

Ustensiles de graveur et Table à mécanique

DONT LA VENTE AURA LIEU

PAR SUITE DU DÉCÈS DE M. J. BEIN

HOTEL DES VENTES MOBILIÈRES

Rue Drouot, n° 5

SALLE N° 4, AU 1er

Le Lundi 26 Avril 1858, à une heure

Par le ministère de Mr **LAFONTAINE**, Commissaire-Priseur
rue Bergère, 3

Assisté de M. **VIGNÈRES**, March. d'Estampes, rue de la Monnaie, 13
à l'entresol, entrée rue Baillet, 1
chez lequel se distribue le présent catalogue.

EXPOSITION PUBLIQUE

Le Dimanche 25 Avril, de 1 heure à 4 heures.

PARIS
RENOU ET MAULDE
IMPRIMEURS DE LA COMPAGNIE DES COMMISSAIRES-PRISEURS
Rue de Rivoli, 144.

1858

ORDRE DE LA VACATION :

Nos de division.	166 et 162 à 165
Estampes anciennes. Bolswert à Woolett	131 à 161
Estampes modernes. Adam à Zix	1 à 130
Dessins	167 à 176
Objets d'atelier et table à mécanique.	177 à 180

On commencera à une heure précise.

CONDITIONS DE LA VENTE.

Au comptant.

Cinq pour cent en plus des enchères, applicables aux frais.

M. Vignères, faisant la vente, se charge des commissions.

Berard	5 p	4
Gascon	3 p	3.
Martin	10 p	18.50
Martin	3 p	3.50

4

Le 25 Mars 1857, la gravure au burin a fait une perte bien sensible en la personne de M. J. Bein artiste laborieux et distingué.

Sans faire ici l'énumération des importants ouvrages sortis de ses mains, nous signalerons le succès de ses planches et nous indiquerons, parmi les dernières, les fac simile des dessins croquis des grands maîtres, Raphaël, Titien, Sainte-Appoline et la Vierge Niccolini d'après Raphaël, le mariage de la Vierge d'après Van Loo, la Nymphe au bain d'après Lancrenon, des vignettes d'après des maîtres contemporains, etc., etc.

Nous présentons ici le catalogue des Estampes formant son cabinet. Parmi les pièces anciennes nous citerons l'œuvre de *Choffard*, et nous attirons l'attention des amateurs sur les épreuves avant toutes lettres, d'artistes, des graveurs modernes.

cáɑ. 10

Bein 90

DÉSIGNATION

DES ESTAMPES

1 **Adam** (P.). La maladie de Las Casas. Ep. avant l. l. Chine et l'eau-forte pure.

2 — Louis XVI distribuant des aumônes. Ep. avant l. l. Chine et l'eau-forte pure.

3 — Louis XVI faisant sentir si son cœur bat. Avant l. l.

4 **Baltard** del. et aqua forti. Portrait du Poussin terminé par Voyez.

5 **Bein** (J.). Son œuvre composé de sujets gravés, d'après des tableaux de maîtres, vierges, portraits, fac-simile de dessins, sculptures antiques, Ninive et autre, vignettes, etc., tant à l'eau-forte que terminées, 117 pièces. Epreuves d'artistes avant la lettre sur Chine ou sur blanc.

6 — **Rabelais**. Portrait in-4. Gravé sur acier, planchepresque terminé.

7 — **Bein (J).** d'après Mieris. Jeune homme faisant des bulles de savon. Epreuve d'artiste avant toutes lettres. Chine.

8 — Le même. Epreuve d'artiste sur blanc.

9 — Fac-simile de dessins, d'après Raphael. Etudes, tête, vierge, Vierge et Jésus d'après Titien, et autres d'après Lucas de Leyde. 5 p.

10 — Portraits de Pascal en pied, avant et avec la lettre, Casimir Delavigne et autres.

11 — Vignettes pour divers ouvrages.

12 — Pièces d'après des sculptures antiques, Ninive et autres.

13 — Pièces tirées des galeries de Versailles et autres pièces historiques.

14 **Bervic.** Enlèvement de Dejanire. — Education d'Achille. Très-belles ép. encadrées.

15 **Blanchard** père. Elisabeth de Bourbon d'ap. Rubens. Ep. Chine.

16 **Bonato.** La sacra Familla, d'après Corrége.

17 **Bouillon.** Statues et bustes antiques. 23 p.

18 **Caron** (Adolphe). La duchesse de Berry et ses enfants. Ep. Chine avant l. l.

19 — Cyparisse. Ep. avant l. l. Chine *signée.*

20 — Le duc d'Angoulême pour le sacre de Charles X. Ep. avant l. l. Chine.

21 — Marguerite sortant de l'Église. Ep. avant l. l. *Signée.*

22 — L'ange soutenant le Christ agonisant, d'après Scheffer. Ep. avant l. l. *Signée.*

23 **Caron** (Toussaint). La famille malheureuse, d'après Prud'hon. Ep. avant l. l. *Signée.*

24 **Châtillon.** Endymion, d'après Girodet, très-belle ép. Chine; lettre grise avant le nuage; a été encadrée.

Tafer 3

Tafer 5

6.0

11 - 20

Byomari 22

5

10 1

Hulas 20

Hulas 20

Laperlen 13

Villot 25

Hulot 25 Solet 20

Sole 70

Sole 5

Sole 10
Sole 5

Hulot 5 Sole 3

Sole 10

Blaisot ou Villot 25 Sol 36

Hulot 5

Hulot 6
Fauchon 2
Sole 6

Hulot 6
Fauchon 5

25 **Chollet,** d'après Roehn. J'ai perdu; — l'Orphelin; 2 p. Chine, avant l. l.

26 **Cousins** (Sam). Pie VII, d'après Laurence.

27 **Delemer.** Etudes académiques, 4 p.

28 **Desnoyers.** La Visitation, d'après Raphaël. Ep. Chine.

29 — Sainte Catherine d'Alexandrie. Ep. Lettre grise. Chine.

30 **Dupont** (Henriquel). Gustave Wasa, eau-forte pure.

31 — Scène de Naufrage, avant toutes lettres.

32 — Deux portraits anonymes à l'eau-forte.

33 — Moreri et mad. Mirbel, 2 p. avant l. l.

34 — L'abbé Des Fontaines. Ep. sur Chine avant toutes lettres.

35 — 1818. Portrait du père de M. H. Dupont. Ep. Chine.

36 — 1820. Entrée d'Henri IV, d'après Gérard, Ep. Chine, avant l. l., et l'eau-forte, 2 p.

37 — 1822. La dame et sa fille, d'après Van Dyck. Ep. d'artiste avant la planche nettoyée.

38 — 1826. Madame Feuillet. Ep. Chine, grand papier.

39 — Montaigne. Ep. Chine, les noms à la pointe, grand papier

40 — 1827. M. Lenormand. Ep. Chine.

41 — Alexandre Desenne, dessinateur.

42 — 1829. Le Brun, duc de Plaisance, d'après Franque.

43 — Hussein Pacha. Ep. Chine avant l. l.

44 — Joseph Coiny, graveur, d'après lui-même.

45 — 1829. Officier de la maison du roi. Ep. non terminée.

46 — Le même. Ep. terminée sur Chine.

47 — L'archevêque de Reims (M. de Latil).

48 — **1830.** Ch.-Ferd. duc d'Orléans (alors duc de Chartres), avant l. l.

49 — Mansard et Perrault, d'après Ph. de Champagne, eau-forte.

50 — **1836.** M. le comte de Ségur. Ep. avant l. l.

51 — **1837.** Louis-Philippe I, roi des Français. Ep. d'artiste, avant toutes lettres, sur Chine. *Signée.*

52 — **1838.** André Chénier. Ep. Chine, avant l. l.

53 — M. le marquis de Pastoret. Ep., les noms à la pointe. Chine et l'eau forte, 2 p.

54 — **1839.** Claude-Aimé Chenavard, architecte, rare.

55 — **1844.** Molière, d'après Ingres Ep. grand papier.

56 — M. Bertin de Vaux, Ep. avant l. l. Chine. *Signée.*

57 — **1847.** Mirabeau à la tribune, d'après Delaroche. Ep. grand papier.

58 — **1850.** Alexandre Brongniart, directeur de la manufacture royale de Sèvres. Ep. Chine. *Signée.*

59 **Duvivier.** Muses, Euterpe, Melpomène, Thalie, Terpsichore, 4 p.

60 **Fac-Simile.** D'après des dessins au Louvre, de Raphaël, Perugin, Palme, Corrége, etc., par divers graveurs, 11 pièces.

61 **Forssell.** Bernadotte, d'après Gérard, portrait en pied in-f°, avant l. l.

62 — D'après Ang. de Fiesole, le Couronnement de la Vierge avec saint-Bernard, 15 p. au trait.

63 — Ducis avant l. l. Louis XVIII, etc., 5 p.

64 **Forster** (F.). M. Charrin, homme de lettre. Portrait grand in-8. Chine.

65 — Frédéric Guillaume III, roi de Prusse, avant la dédicace.

Sole 15

Renard 15

Gratoud

28 33

15

10

12

Bureaux —

					Report		241 50
3	Louis XII.	[illegible]	2	58	[illegible]	Journelle	12
7	[illegible]		2	59	[illegible]	Soleil	13
7	[illegible]		1	61	[illegible] nouvelle		1
9	[illegible]		1	62	[illegible]	[illegible]	10
	[illegible]		1	63	[illegible]		1
	12		2 50	65	[illegible] III		1
	12		6	66	Louis [illegible]	Legendre	2
10	[illegible]		2	69	[illegible]	[illegible]	1
11	[illegible]		1	70	[illegible]	Hulot	13 50
	3 [illegible]	[illegible]	1	72	[illegible]	[illegible]	10
	5 [illegible]	[illegible]	1	73	[illegible]	Hulot	10 50
1?	[illegible]	[illegible]	18	4	[illegible]	Hulot	1
21	[illegible]		1	84	[illegible]	[illegible]	20
22	[illegible]	[illegible]	20	92	[illegible]		3
23	[illegible]	[illegible]	8	96	[illegible]	Hulot	11
26	[illegible] III	[illegible]	14	98	[illegible] jordan	[illegible]	6
2?	[illegible]	[illegible]	30	99	[illegible]	[illegible]	1
31	[illegible]	Soleil	3	102	10 portraits		4
33	[illegible]	Soleil	4	103	Alloy	[illegible]	80
34	Lafontaine	Soleil	2 50	104	[illegible] portraits		1
35	Dupont [illegible]	Hulot	3 50		[illegible] portraits		4
36	[illegible]	Soleil	6		15 [illegible]		2
37	Montaigne	Hulot	4 50		(34 portraits 19)		2 50
40	[illegible]	Hulot	3 50	105	Napoléon	Hulot	2
41	[illegible]	[illegible]	2	109	[illegible]	Hulot	3 50
42	Lebrun	Soleil	2	114	[illegible]	Hulot	24
43	[illegible]	Hulot	6	115	[illegible]	Hulot	2
44	[illegible]	[illegible]	3	116	[illegible]	Hulot	12
47	[illegible]	[illegible]	6	117	8 portraits		2
49	[illegible]	Soleil	11	121	Foy	[illegible]	1 50
52	Chenier	[illegible]	11 50	125	[illegible]	Soleil	7
54	[illegible]	[illegible]	29	128	[illegible]	..	3
			241 50				516 ..

		report	516	
	Viguelle	Martin	2	
	11 "	Martin	7	
128	97	Hulot	4	
132	2 orléans	Puybarger	6	
134	Anderson		1	
135	Chiffon		1 [illegible]	
137	Catte		1	
140	Mortin		1	
144	Hooghe	....	[illegible]	
146	Millet		1	
147	.....	Martin	12	
150	O'Farrell		4	
153	12	Hulot	25	
168	Howard		1	65
170 / 171	Charges	Hulot	2	
172	.....	Hulot	3	
177	2		8	50
178	Paintes	.....	11	80
	Cousin	Hulot	30	
	Vernier	Hulot	3	
	Pierre	Hulot	10	
	2 cadres	.....	1	[illegible]
	10 portefeuilles	Hulot	3	
	3 portefeuilles	Hulot	11	80
	1 portefeuille	Hulot	1	75
166	11 sujets religieux		2	50
	25 pièces		1	
			735	50
			36	80
			772	30

Laj. 10

Sole 10
Laj 9
Hulot Sol 15

Bureau 12
Hulot

Hulot

Laj 25

66 — Louis Ier, roi de Bavière. Ep. Chine, la dédicace, lettre grise.

67 — Raphaël. Ep. Chine, avant l. l. *Signée.*

68 — Uranie, d'après Raphaël.

69 — Titre du Sacre de Charles X, d'après Ingres.

70 — La Vierge de la maison d'Orléans.

71 — François Ier et Charles-Quint, visitant les tombeaux de Saint-Denis. Ep. Chine. *Signée.*

72 **Frommel**. Paysages à l'eau-forte. 6 p.

73 **Gaubaud** (J.). An analysis of the Picture of the Transfiguration de Raphaël, 19 planches et texte. Etudes terminées des têtes et la composition au trait (Proof). Londres 1817. in-fo.

74 **Girard** (Madame). La petite sœur, d'après H. Dupont.

75 **Gruner**, naturalisé anglais. Saint-Bonaventure. Ep. Chine.

76 — Frontispice de l'exhibition de l'industrie de 1851.

77 — Jésus au jardin des Oliviers et autres pièces, d'après Raphaël, 2 p. sur Chine.

78 **Guérin**. L'Ange conduisant le jeune Tobie, d'après Raphaël.

79 — Portraits et sujets, 30 p., pourra être divisé.

80 **Huet** (Hip.). Jeunesse et vieillesse de Jean-Jacques Rousseau, 2 p. Chine, avant l. l.

81 **Laugier**. Pygmalion, d'après Girodet. Ep. Chine.

82 **Lefèvre** et **Lesnier**. La Procession devant Saint-Germain l'Auxerrois. Ep. avant l. l. Chine.

83 **Leisnier**. Marc-Antoine Raimondi. Ep. Chine, avant l. l. *Signée.*

84 **Lesnier**. Expédition scientifique de Morée, dessinée par Blouet. — Ruines de Ninive, dessinées par Flandin et gravées par divers, environ 30 p., pourra être divisé.

85 — Portail de la Villa Médicis, académie de France à Rome, 2 p.

86 **Lignon** (F.). Mademoiselle Mars.

87 — Louis-Philippe, duc d'Orléans.

88 **Massard** (R.-U.). Hippocrate refusant les présents d'Artaxerces, Ép. avant l. l., a été encadrée.

89 **Maugendre.** Chemins de fer de Rouen, Hâvre, Dieppe, lithog. d'ap. nature, 10 p. coloriées.

90 **Mecou.** Vénus et Ascagne. — Psyché et l'Amour, d'après Boisfremont, lettre grise.

91 — Vénus et Adonis, d'après Le Guide, lettre grise.

92 — Portraits russes et autres, avant l. l., 12 p.

93 **Muller** (H. Ch.). Louis-Philippe, duc d'Orléans, pour le sacre de Charles X. Ep. avant l. l. Chine *Signée* ~~et l'eau forte~~ 2 p.

94 — Diane et Endymion, d'après Langlois. Ep. avant l. l. Chine (16). *Signée.*

95 — L'enlèvement de Psyché, d'après Prud'hon. Ep. Chine, avant l. l. *Signée.*

96 — Saint-Jean, d'après Luini, sup. ép. avant l. l. Chine.

97 — Portrait d'Henri IV dans un cadre orné, d'après Gérard. Ep. Chine.

98 — Camille Jordan. Ep. Chine, avant l. l.

99 — Portrait d'Empereur des Turcs (Sélim III?).

100 — M. De Dreux-Brezé. Ep. avant l. l. *Signée.*

101 — M. J. Laffitte. Ep. avant l. l. *Signée.*

102 — Portraits Louis XVI, Necker, etc. 10 p.

103 **Ottley** (Wil young). The Italian school of design Fac simile de dessins originaux, des plus célèbres peintres et sculpteurs italiens, 84 planches et texte in-f°., très-beau vol. carton.

[illegible] 15

[illegible]

[illegible]

[illegible]

[illegible]

Hulot

[illegible]

Hulot
Hulot

Hulot Laporte II

Berndt

104 **Portraits** gravés et lithographiés, personnages divers, acteurs, musiciens, etc , environ 100 p., sera divisé.

105 — Et sujets relatifs à Napoléon Ier, gravés et lith. 20 p.

106 **Prevost**. Vénus de Milo. Ep. avant l. l. Chine.

107 — Corinne au cap Misène, d'après Gérard. Ep. avant l. l. Chine.

108 **Prudhomme**. Louis-Philippe Ier, d'après Winterhalter. Ep. avant l. l., les noms à la pointe.

109 — Scène de la Saint-Barthélemy, d'après Delaroche. Ep. Chine, avant toutes lettres.

110 — Les Enfants d'Édouard, d'après Delaroche. Ep. avant l. l. *Signée*.

111 — Le Dauphin et sa sœur dans la prison du Temple, d'après Robert Fleury. Ep. avant toute lettre.

112 — Les États Généraux. — Batailles de Louis XIV et autres, d'après H. Vernet, 4 p. tirées des Galeries de Versailles, avant l. l., pourra être divisé.

113 **Richomme**. La Vierge au livre, d'après Raphaël.

114 — Triomphe de Galathée, d'après Raphaël.

115 **Robert** (Léopold), Madame David, sous le nom de la duchesse douairière d'Orléans. Ep. toute marge.

116 **Roger**. La Caresse, d'après Prudhon. Très-belle ép. avant l. l.

117 — Portraits, Napoléon, etc 8 p.

118 **Stocks**. Le Passage du Gué et autres pièces, avant toute lettre, 3 p.

119 **Varin** (Amédée). Le repos interrompu, d'après Girardet.

120 **Vernet** (par et d'après Carle). Chevaux 13 p.

121 **Vernet** (H.). Portrait du général Foy.

122 **Vignettes anglaises**, d'après Cook. Lady of the Lake. 6 p.

123 — D'après Westall. The season de J. Thomson. The Minstrel, etc. 13 p. toute marge.

124 — Lord of the Isles, 7 p. toute marge.

125 — D'après Smirke, Gil Blas, 4 p. sur Chine, toute marge.

126 — D'après Howard, 11 p. avant toutes lettres.

127 — D'après divers, 14 pièces.

128 **Vignettes Françaises**, environ 300 pièces avant l. l., sur Chine par Adam, Blanchard, Burdet, Caron, Coupé, Dupont, Forster, Lecomte, Lefèvre, Leroux, Lignon, Muller, Pelée, Prevost, Roger, Sisco et Vallot, pour Molière, Rousseau et autres ouvrages, sera divisé.

129 **Vignettes**. Vie de Napoléon en 12 tableaux et son portrait. Très-belle ép. Chine.

130 **Zix**. Scènes Militaires, 6 p.

Sol 10 ...

8	2
6	6
25	4
58	3
12	1
13	2
5	0
22	
21	12
20	12
	4

[illegible]

[illegible] ~~[illegible]~~

Poren

[illegible]

ESTAMPES ANCIENNES

131 **Bolswert.** Silène ivre, d'ap. V Dyck. — La Vierge à l'oiseau, d'ap. Rubens. 2 p. 2

132 — Marg. de Lorraine, duchesse d'Orléans, d'ap. V. Dyck. Ép. avec G.H. — Gaston, duc d'Orléans. 2 portr. 6 Vig

133 — J.-B. Barbé. — Ad. Brouwer. 2 portr. 1

134 **Bonnet.** Académies d'hommes et femmes à la sanguine. 10 p. 6 Vig

135 **Choffard.** Titres, vignettes, en-têtes et fins de pages, culs-de-lampes, fleurons, etc., etc.; environ 90 p. Superbes épreuves. Cette œuvre, rare à réunir aujourd'hui, surtout de cette beauté, est montée sur des feuilles de papier de couleur destinées à être reliées. Pourra être divisé. 35 Vig

136 — Médaillon avec allégories pour un portrait d'Haydn. — Encadrement pour un frontispice de musique. 2 dessins au crayon. 2

137 **Drevet.** Robert de Cotte. — Sinzendorf. 2 portraits. 1 Vig

138 **Dyck** (A. Van). Paulus du Pont, graveur. 3 75

139 **Edelinck.** C. d'Hozier, généalogiste. 2

140 — Mouton joueur de luth. 1 Vig

141 — Desjardins, sculpteur du roi. 1

142 — Léonard de Bruxelles, imprimeur. 1 50

143 — Parent (J.-C.). Eques romanus. 6

144 **Hooghe** (R. de). La feuille où se trouve le roi d'Angleterre au galop, partie d'une grande bataille. 7 Vig

145 **Kellerhoven.** Cinq pièces à l'eau-forte. 1

Vig. 1 — 146 ***Mallet*** (d'ap.). Les Amours à la maison. — Les anges à l'église. — 2 jolies pièces. — Scènes d'enfants, par Prot.

Vig. 12 — 147 ***Moreau*** le jeune. Serment de Louis XVI à son sacre.

1 50 — 148 ***Muller*** (J.-G.). Mad Vigée Lebrun.

8 50 — 149 ***Nanteuil***. Castelnau, E. Th. de la Tour-d'Auvergne, Fouquet, Poncet, Letellier, etc. 6 portraits. Pourra être divisé.

Vig. 4 — 150 ***Ostade***. La Famille, la Fête sous la treille, le Violon et le petit Vieilleur, le Joueur de violon bossu et sa copie. 5 p. Belles ép. Sera divisé.

1 — 151 ***Pontius*** (P.). G. Honthorst. — J. de Heem, d'ap. Lyvyns. — Snayers, par Stock. 3 portraits.

6 — 152 ***Poussin*** (d'ap. N.). Le Testament d'Eudamidas, par Pesne. — Pierre et Jean à la porte du temple. 2 p.

Vig. 25 — 153 ***Raphaël*** (d'ap.). Les six heures de jour et de nuit. 12 p. avec couverture et le cahier d'explication. Rare à trouver.

1 — 154 ***Ribera***. Silène. B. 13, et la copie, contre-partie du matyre de saint Barthélemy. 2 pièces.

1 50 — 155 ***Ridinger***. Chiens. 8 pièces

156 ***Swanevelt***. Paysages et Ruysdaël. 5 p.

1 50 — 157 ***Visscher*** (J. de). Le Violon dans le cabaret. Belle ép. 1er état, la planche entière, — la même pièce, la planche étant coupée en deux.

2 — 158 ***Vorsterman***. Saint Laurent, d'ap Rubens.

1 — 159 — P. Stevens. — Van den Eynden. 2 portraits.

5 50 — 160 ***Waterlo***. Huit petits paysages et treize grands; en tout 21 pièces. 26 pièces avec 156

4 — 161 ***Woolett***. La Solitude.

1 — 162 Cours d'études de géométrie appliqué à la perspective, par Chazal. 3 livr., 15 pl. et texte.

1 25 — 1 portrait Vierge Ste famille

Martin 12

albert Clemens 80

166

33 pièces	1	25		
2 portraits Eole	2	75		
20 pièces	1	50		
36 pièces vues de Paris	1	25		
x12 pièces religieuses	2	30	Vig	
14 p. madonnes	1			
x35 portraits et	1		Vig	
50 p. traits	1	50		
(51 p. trait	1			
(76 Enf modernes) 77				Hulot
26 architecture	1			
26 lithog	1			Hulot
v 5 p dont Audran	6	50		
9 pièces	2	50		

deWinne 60 Po

	3 loupes	3	50	
	7 Cadres	4		Saperlier 60
	Regles T	1	75	
	Chevalet et boiserie	2		
	1 Meule	8	50	
	4 Stirator	1		Bynuats 3
Vig	20 portefeuilles	3		Hulot
Vig	5 portefeuilles	4	50	Hulot
Vig	1 portefeuille	1	75	Hulot
v	1 carton	1	75	Hulot

Hulot Pierres et burette 15 Vig
Pierre 14
Pierre 4 50
5 pierres 6

163 Revue des beaux arts de F. Pigeory. 94 livraisons. 1

164 Nombre de pièces au trait tirées de Réveil, Landon, journal des artistes, etc. 215 1 25

165 Études de dessins Reverdin et autres. 70 pièces. 5

166 Sous ce numéro, l'on vendra nombre d'estampes anciennes et modernes et les objets non catalogués.

167 **DESSINS.** Sainte Appoline. Dessin calqué sur le tableau de Raphaël à Strasbourg et de même grandeur. 1

168 — Thomas Howard. Dessin très-terminé à l'encre de Chine. 1 23 Vig

169 — Tête de jeune fille au crayon de pastel.

170 — Dessins de charges diverses, par Schalck et autres; environ 20 p.
171 — Caricatures dessinées et gravées. 18 p. 38 p } 2 Vig

172 Études académiques, hommes et femmes, faites dans l'atelier de David. 130 dessins au crayon noir. Pourra être divisé. 3 Vig

173 Cours de perspective, dessins lavés; projet d'un ouvrage à publier. 27 p. 1

174 Cours de dessins; principes pour la figure. Environ 95 p. au crayon noir.
134. 175 Cours d'anatomie et ostéologie, avec explication manuscrite. 39 p au crayon. } 1 25

176 Étude peinte.

177 Volumes de papier blanc, portefeuilles, etc. 8 50 Vig

Pointes 178 Nombreux ustensiles de graveur, burins anglais, pointes, tas, pierres du levant, loupes, etc., etc.; boite à vernir, avec vernis anglais, tampons de diverses formes, etc.

179 **Table de graveur** très-belle, à mécanique très-compliquée et très-facile à mouvoir. 70

180 Quelques planches de cuivre. 4 pl. 3 75

Renou et Maulde, imprimeurs de la compagnie des Commissaires-Priseurs, rue de Rivoli, 144. 8930

2 portraits Vandyck Carrache 1 50 Vig
Hulot Vernis 3 Vig
Piano 210
Pointes 31 50 Vig
Hulot Burins 30 Vig
acides 2
tas 5 50
Venus et 5 medaillons 2